Carnet Découverte

Marie

Histoire de l'Alliance

Dieu crée le ciel et la terre, et tout ce qu'il y a dedans.

Abraham

Dieu appelle Abraham à quitter son pays pour aller vers la terre promise.

Moïse

Dieu appelle Moïse à libérer son peuple de l'esclavage.

David

Dieu appelle David comme roi pour son peuple, le peuple d'Israël.

Les Prophètes

Dieu appelle des prophètes pour rappeler au peuple son Alliance. Ils annoncent celui qui viendra sauver et guider le peuple d'Israël.

Marie

Marie est une jeune fille juive qui vit dans un village de Galilée à Nazareth. Elle fait partie du peuple d'Israël qui attend la venue du Sauveur. Par l'ange Gabriel, Dieu lui annonce qu'elle sera la mère du Fils de Dieu.

Ce qu'il t'a dit arrivera

Parole de Dieu

Lc 1 39-56

Peu de temps après, Marie s'en va.
Elle marche vite vers les montagnes, dans une ville de Judée. Elle entre dans la maison de Zakarie et salue Élisabeth. Quand Élisabeth entend la salutation de Marie, l'enfant remue dans son ventre.
Alors Élisabeth est remplie de l'Esprit Saint.
Elle dit d'une voix forte :
« Dieu te bénit plus que toutes les autres femmes,
et il bénit aussi l'enfant que tu portes en toi !
La mère de mon Seigneur vient chez moi !
Quel honneur pour moi !
Oui, quand mes oreilles ont entendu ta salutation,
l'enfant a remué de joie dans mon ventre.
Tu es heureuse !
En effet, tu as fait confiance au Seigneur, et ce qu'il t'a dit arrivera. »
Marie dit alors : « Oui, vraiment, le Seigneur est grand ! Je le chante ! »

Mon âme exalte le Seigneur,
Exulte mon esprit en Dieu mon Sauveur !
Il s'est penché sur son humble servante :
Désormais, tous les âges me diront bienheureuse.

Le Puissant fit pour moi des merveilles :
Saint est son nom !

Son amour s'étend d'âge en âge
Sur ceux qui le craignent.

Déployant la force de son bras,
Il disperse les superbes.
Il renverse les puissants de leurs trônes.
Il élève les humbles.

Il comble de bien les affamés,
Renvoie les riches les mains vides.

Il relève Israël son serviteur,
Il se souvient de son amour,
De la promesse faite à nos pères,
En faveur d'Abraham et de sa race, à jamais.

Marie reste avec Élisabeth pendant trois mois environ, puis elle retourne chez elle.

B

Les noces de Cana

Le troisième jour, il y a un mariage dans le village de Cana, en Galilée. La mère de Jésus est là. On a aussi invité Jésus et ses disciples au mariage. À un moment, il n'y a plus de vin.

Alors la mère de Jésus lui dit : « Les gens n'ont plus de vin. »
Jésus lui répond : « Mère, qu'est-ce que tu me veux ?
Ce n'est pas encore le moment pour moi. »

La mère de Jésus dit aux serviteurs : « Faites tout ce qu'il vous dira. »

Il y a là six grands récipients de pierre. Les Juifs se servent de l'eau qu'ils contiennent pour se rendre purs selon leur coutume. Dans chaque récipient, on peut mettre une centaine de litres.
Jésus dit aux serviteurs : « Remplissez ces récipients avec de l'eau. » Les serviteurs les remplissent jusqu'au bord.
Jésus leur dit : « Maintenant, prenez de cette eau et apportez-la au responsable du repas. » Les serviteurs lui en portent. Le responsable du repas goûte l'eau, qui est devenue du vin. Il ne sait pas où on a pris ce vin. Mais les serviteurs qui ont pris de l'eau dans les récipients le savent.

Alors le responsable du repas appelle le marié et il lui dit : « Tout le monde sert d'abord le bon vin. Et quand les invités ont beaucoup bu, on sert du vin moins bon. Mais toi, tu as gardé le bon vin jusqu'à maintenant ! »

C'est le premier signe étonnant que Jésus fait. Cela se passe à Cana, en Galilée. Jésus montre ainsi sa gloire, et ses disciples croient en lui.

Voici ta mère

« La Pietà », Michel-Ange (1499)

ZOOM

Marie, mère de l’Église

À la fin du concile Vatican II en 1964, le pape Paul VI reconnaît Marie comme étant la Mère de l’Église, c’est-à-dire la mère de tout le peuple de Dieu car elle est la mère du Christ.

SAINTE MARIE

Marie est sainte. Elle est la reine de tous les saints. Le pape Jean-Paul II parlait de Marie comme d'un modèle de sainteté tournée vers Dieu.

Modèle choisi de sainteté, Marie guide les pas des croyants sur le chemin du Paradis (salut). Parce qu'elle est proche des événements de notre histoire quotidienne, Marie nous soutient dans les épreuves, nous encourage dans les difficultés, nous indiquant toujours le but du salut éternel.

Fête de la Nativité de Marie

ZOOM

Le salut éternel

Dieu a ressuscité son fils Jésus, il l'a sauvé de la mort. Nous le croyons : Dieu nous offre la vie après la mort. C'est une vie nouvelle, un passage, un salut éternel. Comme une graine mise en terre meurt pour devenir une fleur, un arbre, un fruit, nous mourrons et nous passerons à une vie nouvelle avec Dieu, sauvés de la mort et du mal. Comme la graine, dès aujourd'hui, nous portons déjà en nous cette vie, ce salut éternel : Dieu nous aime.

Quelle importance a Marie pour Jean-Paul II ? Pourquoi ?

ENTRE NOUS...

Marie est fêtée dans le monde entier. Toutes les fêtes à Marie sont des mercis pour son « oui ». Elle est le plus bel exemple d'une vie entièrement donnée à Dieu.

Début de l'année liturgique

8 décembre

Fête de l'Immaculée Conception

Nous fêtons Marie qui est pure et sans péché.

Noël

25 mars

Fête de l'Annonciation

Nous fêtons Marie qui reçoit de l'ange l'annonce qu'elle sera la mère de Jésus.

Pâques

31 mai

Fête de la Visitation

Nous fêtons Marie qui rend visite à sa cousine Elisabeth.

15 août

Fête de l'Assomption

Nous fêtons le passage de Marie dans la vie de Dieu. C'est la promesse qu'après leur mort, tous les hommes participeront comme Marie à la vie de Dieu.

E

À l'aide des autocollants, place les fêtes à Marie au bon endroit.

Marie se fait proche

* Immaculée Conception : pure et sans péché. Terme défini par le pape 4 ans plus tôt, en 1854.

DVD VIDÉO ET INTERNET

DVD

En équipe

Rencontre 1
- Histoire de l'Alliance
- La Visitation
- La naissance de Jésus
- Présentation de Jésus au temple
- Jésus au temple à 12 ans
- Chant et musique

Rencontre 2
- Marie écoute
- Marie prie
- Marie donne naissance
- Marie offre
- Chant et musique

Rencontre 3
- Prier Marie
- Lourdes
- Chant et musique

En famille

- Fabrication du vitrail de Marie
- Chant et musique
- Pour les parents
- Prière « Magnificat »

En paroisse

Rencontre KT-Dimanche
- Marie, mère de l'Église
- Chant et musique

@ INTERNET

www.les-nathanael.com

Voici ton mot de passe pour accéder au site des *Nathanaël* : **MARIE**

Tu y trouveras des bonus de ton carnet.

MP3 Les chants « Je te salue Marie » et « Marie » sont à télécharger en MP3 sur le site.